Género No ficción

I0883444

Pregunta esencial

¿Por qué tenemos días festivos?

El Día del Trabajo

Francine Thompson

Capítulo 1
¿Qué es el Día del Trabajo? 2

Capítulo 2
¡A celebrar! 6

Respuesta a la lectura 11

LECTURA COMPLEMENTARIA Cuatro viajes 12

Glosario/Índice 15

Enfoque: Estudios Sociales 16

CAPÍTULO 1

¿Qué es el Día del Trabajo?

Mira el calendario. Es el primer lunes de septiembre. ¿Sabes lo que significa? ¡Es el Día del Trabajo! En otros países, como México, el Día del Trabajo se celebra el 1 de mayo.

Para los adultos el Día del Trabajo es un día festivo. Para los niños, este día marca el final de las vacaciones.

El primer Día del Trabajo se festejó en la Ciudad de Nueva York en 1882.

Alfonso de Tomas/Alamy

En muchas fábricas trabajaban niños pequeños.

¿Por qué se decidió crear un Día del Trabajo? Es un día para **honrar** a los trabajadores.

Hace mucho tiempo, no era fácil ser un trabajador. Muchos trabajadores debían trabajar el día completo. No veían nunca la luz del día. Tampoco tenían días libres y no recibían un **salario** justo.

Los niños también trabajaban. ¡Incluso niños menores de diez años!

Hoy, nuestra nación tiene excelentes leyes. Estas leyes protegen a los trabajadores. Algunas leyes se ocupan de su seguridad. Otras leyes impiden que trabajen en lugares peligrosos. Otras les **garantizan** tener tiempo libre.

También existen leyes especiales para los niños. Estas leyes **prohíben** el trabajo infantil.

Hay leyes que protegen a los trabajadores y los obligan a llevar casco.

Ron Levine/Photodisc/Getty Images

Detective del lenguaje

Usa una palabra para combinar las dos oraciones subrayadas.

Los trabajadores nos ayudan de muchas maneras.

El Día del Trabajo es un día para **reflexionar** sobre los trabajadores. Es una manera de decirles "gracias" a todos. En la escuela hay muchos trabajadores: maestros, cocineros, enfermeros, etcétera. Todos merecen nuestro respeto y **agradecimiento**.

CAPÍTULO 2

¡A celebrar!

El Día del Trabajo también es un día de fiesta. ¡Hay que celebrarlo!

¿Alguna vez viste un desfile del Día del Trabajo? ¡Son extraordinarios!

No olvides llevar tu bandera o un globo. Saluda a los músicos del desfile.

Los desfiles son divertidos. ¡Mira todos esos globos!

Michael Tyo/Alamy Stock Photo

Escuchar música es relajante y divertido.

¡Música, maestro!

Algunas ciudades ofrecen conciertos al aire libre. Las familias se reúnen y pasan el día juntas. No pongas excusas: ¡levántate y baila!

¡Comida al aire libre!

¿Qué tal un picnic? Es una idea muy buena para este día. Toda la familia disfruta estos momentos. Algunos preparan meriendas exquisitas. Otros llevan frutas o dulces. ¿A ti qué te gusta?

No hay manera de aburrirse en un picnic.

Paul Barton/Corbis/Getty Images

Esta familia se reúne a platicar.

Después de almorzar, muchos descansan bajo la sombra de un árbol. ¡Es su día libre! Pueden hacer lo que quieran.

Seguramente tú prefieres jugar. ¿Qué juego quieres proponer?

Detective del lenguaje	¿Por qué la palabra subrayada comienza con mayúscula?

Fancy/Alamy

Busca tu traje de baño. Esta puede ser la última vez que vayas a la playa este año. Puedes nadar en el mar, construir un castillo de arena o cavar un pozo.

El Día del Trabajo marca el fin del verano. Mañana deberás guardar los juguetes de playa y comenzar a organizar tu mochila.

¡Es hora de volver a la escuela!

Aún hace calor en septiembre.

Purestock/SuperStock

Respuesta a la lectura

Volver a contar

Vuelve a contar *El Día del Trabajo* con tus propias palabras.

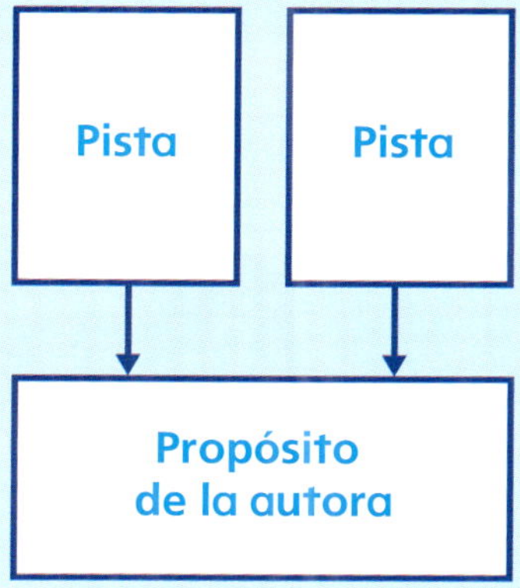

Evidencia en el texto

1. ¿Cuál crees que fue el propósito de la autora al incluir la fotografía de la página 3? **Propósito de la autora**
2. ¿Cuál crees que fue el propósito de la autora al escribir este libro? **Propósito de la autora**
3. ¿Cómo sabes que *El Día del Trabajo* es un texto de no ficción? **Género**

Género **No ficción**

Compara los textos

Lee acerca de otro día festivo.

Cuatro viajes

Rebecca Marvil/Photolibrary/Getty Images

Colón aprendió a navegar en Portugal. Allí vivió casi diez años.

Emanuele Taroni/Photodisc/Getty Images, (inset)FPG/The Image Bank/Getty Images

En 1492, Cristóbal Colón partió de España hacia América. Cada año, recordamos su expedición el segundo lunes de octubre. Es un día festivo en muchos lugares.

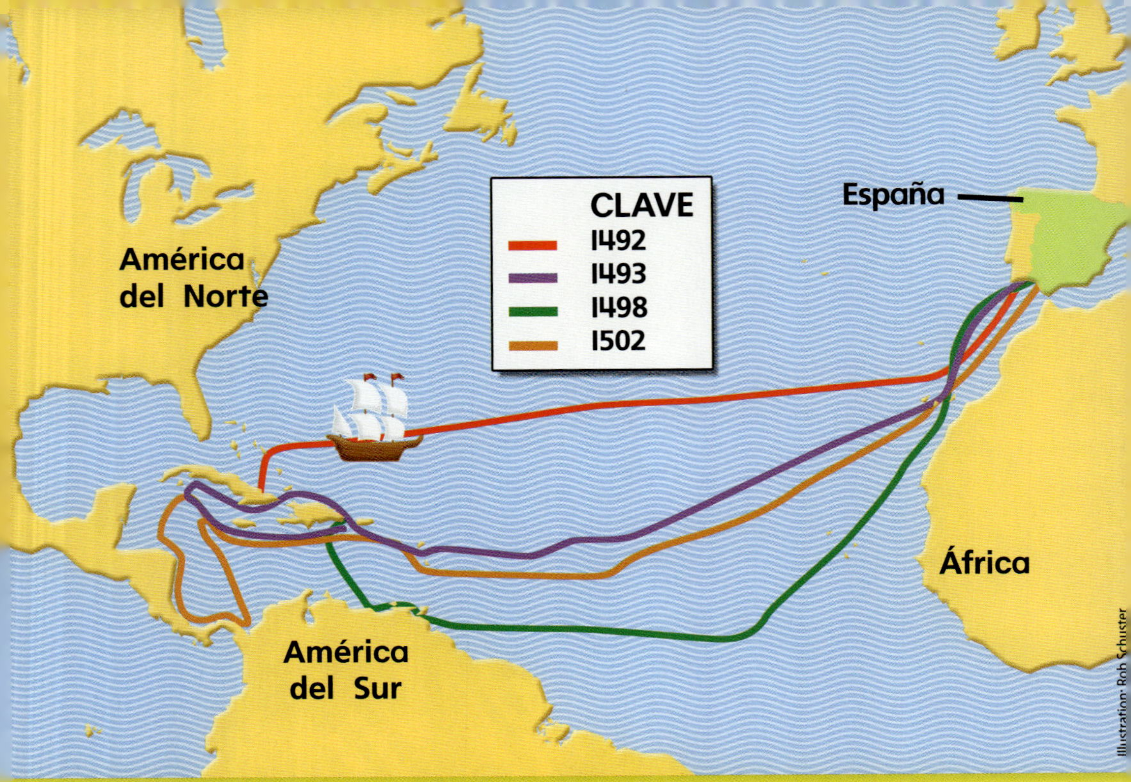

Cristóbal Colón era un explorador italiano. Realizó cuatro expediciones desde España hacia América. El mapa muestra la ruta y la fecha de cada viaje.

Haz conexiones

¿Qué otro día festivo conoces? ¿Cómo lo celebras? **El texto y tú**

Glosario

agradecimiento muestra de gratitud *(página 5)*

garantizar asegurar algo *(página 4)*

honrar admirar y respetar *(página 3)*

prohibir impedir una acción *(página 4)*

reflexionar pensar detenidamente *(página 5)*

salario pago que recibe una persona por su trabajo *(página 3)*

Índice

conciertos, *7*

desfiles, *6*

leyes de trabajo, *4*

niños trabajadores, *3–4*

picnics, *8*

playa, *10*

Enfoque:

Estudios Sociales

Propósito Aprender sobre los trabajadores que nos ayudan

Paso a paso

Paso 1 Piensa en trabajadores que conoces y cómo te ayudan.

Paso 2 Haz una tabla como esta y complétala.

Trabajadores	Cómo me ayudan

Paso 3 Dibuja a alguna de las personas de tu tabla. Escribe un párrafo acerca de esa persona. Muestra tu dibujo y tu texto a la clase.